Beatriz, David, Keila, Simone, Carlos, Maira, Eric, Carolina, Bianca, Jonas, Rebeca, Artur, Alessandra, Fernando, Bruno, Ala, Jessica, Elizandra, Cecilia, Eduarda, Daniel, Henrique

Deus me conhece

Escrito e ilustrado por **Debby Anderson**

"Olá! Meu nome é Mário."

Publicações RBC

Queridos leitores adultos,

Inimaginável... A Palavra de Deus, do Criador do universo nos diz que Ele nos conhece por nossos nomes! As referências bíblicas foram incluídas para você mesmo certificar-se sobre elas na Palavra.

Divirta-se descobrindo a veracidade do poderoso cuidado de Deus por você também.

Com orações,

Debby Anderson

---

*Meu reconhecimento e gratidão a Rob Erdle,
professor regente de Aquarelas, na Universidade do Texas, EUA.*

God Knows My Name

Text and illustrations copyright © 2003 by Debby Anderson
Published by Crossway Books
        a publishing ministry of Good News Publishers
        Wheaton, Illinois 60187, U.S.A.
        www.crossway.org
This edition published by arrangement with Crossway. All rights reserved.

Tradução: Rita Rosário
Revisão: Thaís Soler
Diagramação: Audrey Novac Ribeiro
Ilustrações: Debby Anderson

Proibida a reprodução total ou parcial, sem prévia autorização, por escrito, da editora.
Todos os direitos reservados e protegidos pela Lei n.º 9.610, de 19/02/1998.
Exceto se indicado o contrário, as citações bíblicas são extraídas da Nova Tradução na Linguagem de Hoje © 2000 Sociedade Bíblica do Brasil.
O texto inclui o acordo ortográfico conforme Decreto n.º 6.583/08.

Publicações RBC
Rua Nicarágua, 2128, Bacacheri, 82515-260, Curitiba/PR, Brasil
E-mail: vendas_brasil@rbc.org
Internet: www.publicacoesrbc.com.br • www.ministeriosrbc.org
Telefone: (41) 3257-4028
Código: MH861
ISBN: 978-1-60485-567-8
Impresso na China • Printed in China
1.ª edição: 2012 • 2.ª impressão: 2013

Para os meus pequenos alunos
e para todas as pessoas maravilhosas
da escola em que leciono!

Com amor,
Debby.

Deus fez todas as coisas e Deus conhece todas as coisas! Deus me conhece. Ele sabe até qual é a minha cor favorita. Qual é a sua cor favorita? Surpresa! Deus já sabe!

Salmo 139:1

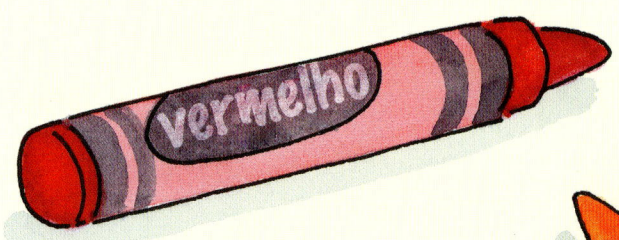

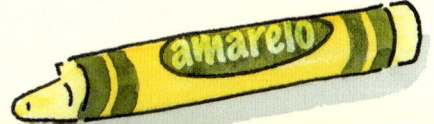

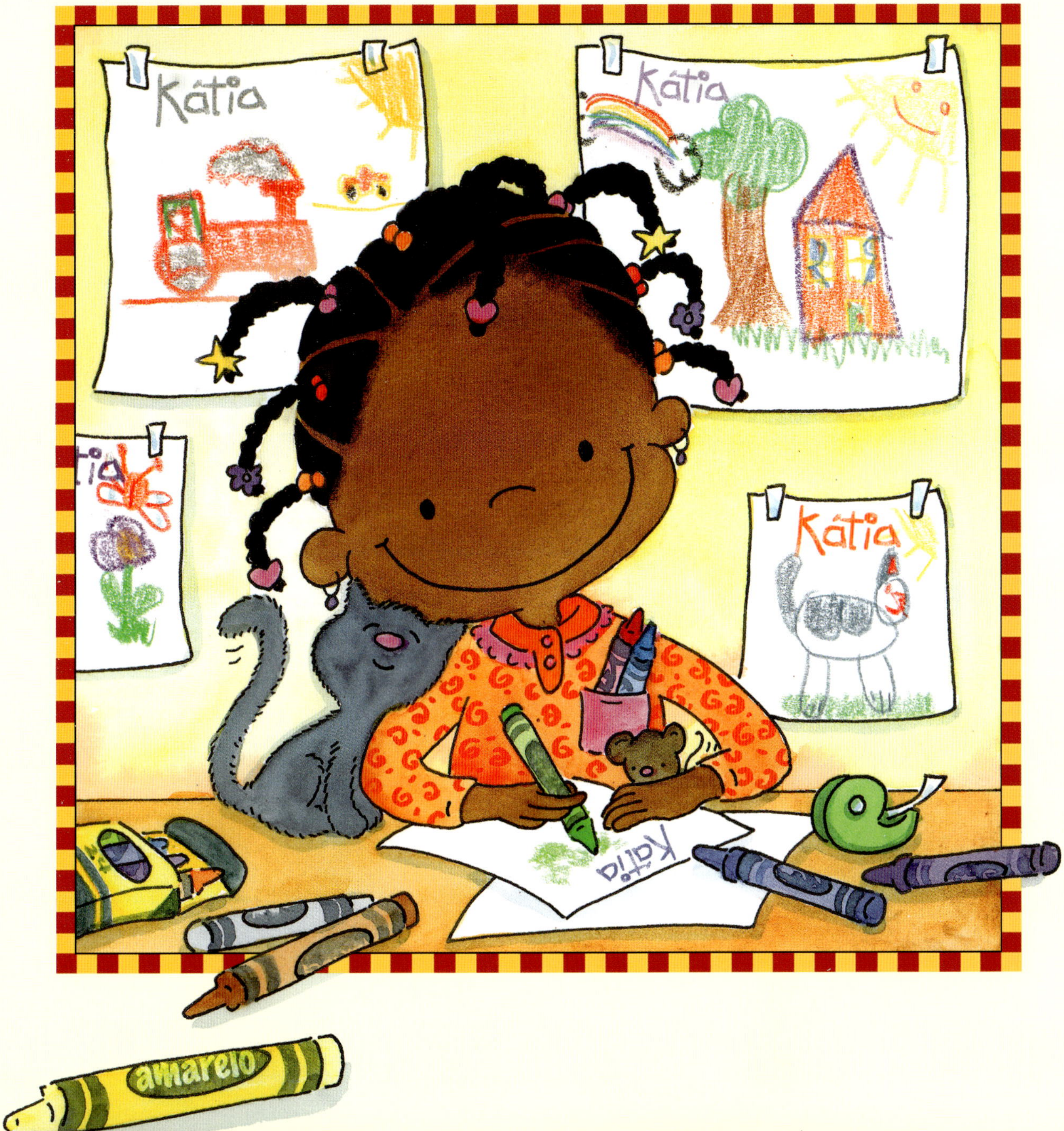
Kátia
Kátia
tia
Kátia
Kátia
amarelo

Deus sabe o meu nome! Ele sabe até quantos fios de cabelo tenho em minha cabeça.

Você consegue contar quantos fios de cabelo têm em sua cabeça?
Qual é o seu nome?

Mateus 10:30; João 10:3

Antes de Deus criar o mundo, Ele já sabia tudo sobre mim. Antes mesmo de eu nascer, Deus já sabia o que iria acontecer em cada dia da minha vida...

Efésios 1:4; Salmo 139:15-16

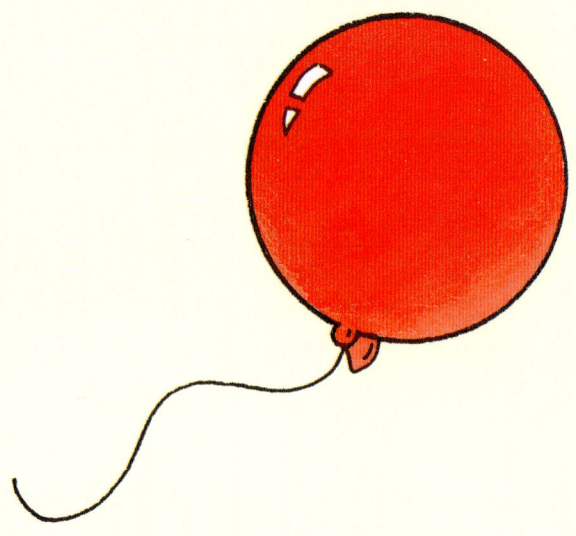

A festa surpresa no dia do meu aniversário nem deixou Deus surpreso! Nada surpreende Deus! Deus me vê quando eu sento ou quando me levanto!

Salmo 139:2,3

No primeiro dia de aula, quando ninguém ainda sabe o meu nome, Deus já sabe! Ele conhece todos os meus pensamentos e cada palavra que eu digo.

Salmo 39:2,4,23

Deus me vê quando saio para brincar! Sim! Deus é maravilhoso demais para eu vê-lo agora, mas Ele me vê!

Salmo 139:3

Deus me vê quando vou para a cama. O Pai celeste pode cuidar de mim porque Ele nunca dorme, e pode enxergar no escuro!

Deus envia as estrelas à noite e acorda o sol pela manhã.

Salmos 139:3,12; 121:3; Jó 38:12,32

Quando eu me escondo em meu esconderijo favorito, Deus pode me achar! É impossível esconder algo de Deus! Mesmo que eu mergulhe mar adentro, Deus sabe! Ele diz para as ondas o lugar em que elas devem parar!

**Ele tocou no mais profundo dos oceanos!
Você pode encontrar o caranguejo, o polvo, a estrela-do-mar, o caracol, a anêmona, a lesma do mar e a água-viva?**

Hebreus 4:13; Salmo 139:9; Jó 38:8-11,16

Deus sabe muito bem como os cavalos correm e como as águias voam. Quando os filhotes de leão estão com fome, Deus ajuda a família deles a encontrar o alimento. Deus também nos ajuda. Obrigado Deus, por nosso alimento.

Jó 38:39, 39:19,27

Deus pode contar todas as estrelas no céu. Ele colocou cada uma em seu lugar! Do mesmo jeito que Ele sabe o meu nome, Ele também sabe o nome de cada estrela!

Salmo 147:4, Isaías 40:26, Jó 38:2

Deus sabe como enviar a neve, a geada, o vento…

...os raios, o trovão, a chuva... e o orvalho!

Jó 38:22-30,34

Deus sabe quando a corça tem o seu bebê! Quando o pardal cai ao chão, ou quando eu caio ao chão, Deus sabe! Ele sempre sabe como eu me sinto.

Jó 39:1; Mateus 10:29; Hebreus 4:15,16

Deus compreende quando eu me sinto triste, alegre, raivoso ou mal.

Ele se importa quando eu me sinto confiante ou confuso, amedrontado ou entusiasmado!

2 Coríntios 1:3-4; Isaías 53:4; 1 Crônicas 28:9

Deus sabe o nome de todas as pessoas neste mundo tão grande! E eu quero que todos, em todos os lugares, conheçam a Deus! Portanto, de dia e de noite, farei canções e vou cantar e falar sobre o Seu nome!

Salmos 92:1-2; 147:5

"SENHOR, meu Deus, anunciarei a tua grandeza para sempre... tens muito amor..."

Salmo 86:5,12

"Adeus, amigos!"

Beatriz
David
Keila
Simone
CARLOS
Maira
Eric
CAROLINA
Bianca
JONAS
REBECA
Artur
Alessandra
Fernando
Bruno
Alex
Jessica
Elizandra
Cecilia
EDUARDA
Daniel
Henrique